AF259768

Lb 3992.

APOLOGIE

DES

DEUX CENT TREIZE DÉPUTÉS

QUI ONT VOTÉ LE REJET DE L'AMENDEMENT DE M. MALEVILLE.

> « *Le Ministère voulait la paix sans*
> « *nuages avec l'Angleterre !* DANS
> « L'INTERVALLE DE LA SESSION, LA
> « GUERRE AURAIT ÉTÉ DÉCLARÉE S'IL
> « N'AVAIT PAS DÉSINTÉRESSÉ
> « LE MINISTRE DE LA REINE
> « POMARÉ. »
> (*Constitutionnel* du Mardi 11 Février 1845.)

POUR FAIRE SUITE

A L'ÉCRIT

Publié en l'année 1840,

sous le titre

De M. THIERS et l'ALLIANCE ANGLAISE,

OU

SUITES INÉVITABLES DE LA GUERRE AVEC L'ANGLETERRE.

PRIX : 30 c., et AVEC L'ÉCRIT, 1 fr.

—

1845.

INTRODUCTION.

En 1837, M. le Rédacteur du Journal la *Presse*
admit dans ses feuilles des 17, 27 et 28 mai, un
article que je lui avais remis sous le titre : « *Des*
» *immenses ressources possédées par la France*
» *pour qu'elle soit* LA PREMIÈRE PUISSANCE MARITIME
» DE L'UNIVERS, *et de l'impossibilité où se trouve*
» *l'Angleterre d'avoir une Marine égale.* »

En 1840 j'ai publié un écrit intitulé : «*M. Thiers*
» *et l'Alliance anglaise,* OU SUITES INÉVITABLES DE
» LA GUERRE AVEC L'ANGLETERRE, » dont les deux
premiers paragraphes sont ainsi conçus :

« Si, pour la France, il est une alliance que la
» nature ait rendue contraire à l'extension et aux
» intérêts de son commerce maritime, ainsi qu'au
» développement et à la prospérité de ses prin-
» cipales manufactures !..... une alliance qui ne
» puisse être ni solide, ni durable, ni sincère !....
» une alliance, en un mot, qui soit NATIONALE-
» MENT impopulaire dans l'esprit des Français !....
» c'est bien, sans doute, l'alliance anglaise ! »

« Et cependant, telle est aujourd'hui la situa-
» tion de la France envers l'Angleterre , que si
» cette alliance, telle qu'elle existe maintenant, et
» toute chancelante qu'elle est, venait à être subi-
» tement rompue, et si cette rupture était tout
» aussitôt suivie d'hostilités, non seulement le
» commerce maritime de la France serait infailli-
» blement ruiné, et ses principales manufactures
» anéanties, mais encore son littoral n'échapperait
» probablement point aux suites désastreuses *d'un
» envahissement momentané* et SOUVENT RÉPÉTÉ! (1)

Enfin, en 1842, j'ai publié un nouvel écrit
intitulé : « *L'Empereur Napoléon et la Marine fran-
» çaise*, » dont l'introduction se termine en ces
termes :

« L'Empereur Napoléon n'aimait point les
» Anglais; il ne s'est jamais dissimulé que l'An-
» gleterre était une ennemie née de la France.

---

(1) N'est-ce pas ici l'occasion de faire remarquer qu'à l'époque où j'ai
publié cet écrit (vers la fin de 1840), il n'y avait dans la presse qu'un
cri unanime de haro sur M. Thiers, en raison du discours qu'il avait
prononcé relativement à l'alliance anglaise, ce qui était l'objet prin-
cipal de mon écrit, et qu'aujourd'hui, au contraire, il y a dans cette
même presse, sinon au moins dans les Chambres du corps législatif,
unanimité, je ne dirai pas précisément pour l'alliance anglaise, mais
je crois pouvoir dire pour reconnaître la nécessité des relations amicales entre la France et l'Angleterre.

Eh bien! je ne crains pas d'avancer en ce moment qu'avant peu il
en sera de même du sentiment provoqué par le rejet de l'amendement
de M. de Maléville.

» Non seulement il était persuadé que la France
» devait et pouvait être une grande puissance
» maritime ; mais il était encore convaincu que
» la nature avait tout fait en sa faveur, pour
» qu'elle fût une puissance redoutable à l'Angle-
» terre ! »

Certainement, après avoir ainsi manifesté mon opinion et mes sentimens relativement à l'Angleterre, il doit m'être permis, sans que j'aie à craindre d'être accusé de partialité envers ce Royaume, et encore moins d'être accusé de méconnaître l'honneur national, ainsi que la dignité de la France ; il doit m'être permis, dis-je, de manifester et de publier, comme je viens le faire ici, MON OPINION, quelque peu de poids qu'elle puisse avoir auprès de celle du public, à L'ÉGARD DU VOTE qui a été le résultat de l'amendement proposé par M. Léon de Maleville, sur le projet d'adresse au Roi.

AUX DEUX CENT TREIZE

HONORABLES DÉPUTÉS.

Messieurs les Députés,

Dans la séance du 27 janvier dernier, vous avez repoussé l'amendement proposé par M. Maleville sur le projet d'adresse au Roi.

Or, c'est sur la conduite que vous avez cru devoir tenir en cette circonstance que je viens appeler l'attention particulière de mes compatriotes, en commençant par déclarer que, *d'après mon opinion*, vous avez prouvé non seulement que vous connaissiez les véritables intérêts de la France, mais encore que vous saviez apprécier, comme ils doivent l'être, les sacrifices qu'il fallait quelquefois faire à ces intérêts si on ne voulait pas qu'ils fussent ruinés aussi immédiatement qu'infailliblement !

Veuillez donc, Messieurs les Députés, agréer les félicitations qu'en ma qualité de Français comme vous je viens vous adresser, en publiant les motifs sur lesquels ces félicitations me paraissent être fondées.

L'amendement de M. de Maleville avait pour but, non seulement de blâmer la conduite tenue par le Gouvernement dans la transaction qu'il avait jugé convenable de faire relativement à l'expulsion de Taïti de M. Prittchard, et d'une in-

BIBLIOTHÈQUE NATIONALE R.F. IMPRIMÉS

demnité en faveur de cet homme, MAIS ENCORE DE faire rejetter cette transaction!

Et c'est lorsqu'on connaît le langage tenu en plein Parlement anglais par les Ministres sir Robert Peel et le comte
Aberdeen, dès l'origine de cette transaction... c'est lorsqu'on
n'ignore pas l'irritation que cette affaire avait provoquée en
Angleterre dans toutes les opinions civiles et religieuses, ainsi
que dans toutes les classes de la société de ce pays, et surtout
dans la presse populaire... c'est lorsqu'on ne peut pas méconn-
naître qu'en Angleterre, à tort ou à raison, cette affaire est
devenue une question d'honneur national... c'est enfin lorsqu'on sait jusqu'à quel point l'orgueil anglais peut être poussé
dans une pareille circonstance, qu'on a proposé l'amendement de M. de Malleville!... qu'il s'est trouvé *deux cent
cinq Députés* qui en ont voté l'adoption, en se glorifiant de ce
vote!!... et qu'on a voué à la proscription électorale (c'est une
expression dont se sont servis plusieurs journaux), DEUX CENT
TREIZE DÉPUTÉS qui ont eu assez de patriotisme pour en
voter le rejet.

Mais si cet amendement avait obtenu une majorité, que fort
heureusement il n'a pas eue, qui peut, ou plutôt qui oserait
répondre, je ne dirai pas *de ce qui serait arrivé*, parce qu'à
cet égard il est évident qu'il ne peut y avoir rien de positif
jusqu'à l'événement, mais je ne crains pas de dire DE CE QUI
AURAIT PU ARRIVER, après qu'on a entendu, il y a quelque
mois, la Reine d'Angleterre, dans son discours pour la clôture
de la session du Parlement, s'exprimer en ces termes:

« *Le Gouvernement de S. M. s'est trouvé récemment en-
» gagé dans des discussions avec le Gouvernement du Roi des
» Français, sur des événements* DE NATURE A INTERROMPRE
» LA BONNE ENTENTE ET LES RELATIONS AMICALES ENTRE CE
» PAYS ET LA FRANCE!

Qui pourrait affirmer, d'après ce langage de la Reine d'Angleterre et d'après les sentiments bien connus, non seulement
des principaux Ministres, mais encore du peuple anglais, que
si l'amendement de M. de Maleville avait été adopté, le Gouvernement anglais, lorsque la nouvelle en serait arrivée en
Angleterre, n'aurait pas été contraint, non pas sans doute de

déclarer immédiatement la guerre à la France, mais seulement, et de suite, rappeler provisoirement son Ambassadeur?

Or, si seulement ce rappel avait lieu, quelles en seraient les suites immédiates pour la France? quelles inquiétudes pour son commerce maritime? quels embarras pour celles de ses grandes manufactures dont les travaux dépendent de produits exotiques qui ne peuvent arriver en France que par mer? quel trouble dans la continuation de ses vastes entreprises où sont entrés de si nombreux capitaux anglais? quelle décadence dans les fonds publics français? car, bien certainement, à moins d'être fasciné par un sentiment qu'il ne m'appartient pas de qualifier, on ne peut sûrement pas se dissimuler que *le seul rappel* de l'Ambassadeur anglais suffirait pour provoquer en France tous ces maux dont il est aussi incontestable qu'en Angleterre on n'aurait pas un seul à craindre du rappel de l'Ambassadeur français?

On le voit donc, il a été bien important pour les véritables intérêts de la France que l'amendement de M. de Maleville n'ait pas été adopté, comme il leur eût été bien funeste qu'il le fût!

Comment alors a-t-il pu se faire que l'honorable M. Odillon-Barrot à qui, sans doute en France, personne ne pourrait, ni ne voudrait, ni n'oserait contester la qualité d'un bon et véritable Français, ait pu se déterminer à provoquer cette adoption en posant la question qui devait en décider en ces termes (*Moniteur du 28 janvier*) :

« Nous sommes des gens d'honneur, et la main sur le cœur,
» disant à la face de l'Europe qui nous regarde, si nous sommes
» convaincus que la guerre injuste dans laquelle nos conci-
» toyens sont engagés à quatre mille lieues de distance
» de la France n'aurait pas eu lieu sans les menées d'un
» homme; si nous sommes convaincus qu'il est le fauteur de
» cette guerre, nous demandons si, équitablement, nous pou-
» vons accorder à cet homme une indemnité au nom de la
« France? »

Bien certainement à une question ainsi posée la Chambre ne pouvait que répondre *négativement à l'unanimité*, et l'amendement devait être adopté.

Mais ce n'est pas à cette question que les deux cent treize Députés ont répondu; leur réponse a été faite à celle qui devait être ainsi posée : « Nous sommes Français , et, » la main sur la conscience, en face de la France entière, » dont nous sommes chargés de défendre et de protéger tous » les véritables intérêts , nous demandons si nous ne sommes » pas convaincus que, DANS L'ÉTAT ACTUEL DES CHOSES, ces in- » térêts seraient gravement compromis, en admettant toute- » fois qu'ils ne seraient pas même ruinés, dans le cas où une » rupture immédiate, ou seulement une cessation, ne fût-elle » que momentanée, des relations amicales qui existent entre la » France et l'Angleterre, venait à être le résultat de la ré- » ponse que nous allons faire. »

Or, à cette dernière question, la Chambre ne pouvait ré- pondre qu'AFFIRMATIVEMENT et à l'UNANIMITÉ, et c'est ce qui a fait rejeter l'amendement.

Il eût peut-être été à désirer que quelques uns de ceux de Messieurs les Députés qui, par leur position au dehors de la Chambre, peuvent mieux qu'aucun autre de leurs collègues connaître l'ÉTAT ACTUEL DES CHOSES, se fussent décidés à éclairer à cet égard la Chambre, et à demander que la question fût ainsi posée, et il est fâcheux qu'ils ne l'aient pas fait.

Toutefois, comme on ne peut pas douter que leur silence à cet égard ne leur ait été imposé que par leur conscience, res- pectons-le!!!

« *Mais* » (avait-il encore été dit avant qu'il n'ait été répondu à la première de ces deux questions, et c'est encore l'hono- rable M. Barrot qui a tenu ce langage): « *Mais,* a dit M. Barrot, » *de son côté l'Angleterre peut-elle à chaque instant rejetter* » *l'alliance et nous menacer d'une rupture et d'une guerre,* » *tandis que de son côté la France doit-elle* TOUJOURS CÉDER, » TOUJOURS CÉDER? »

Eh bien, à cette demande de l'honorable M. Barrot (1),

---

(1) Si je cite encore une fois l'honorable M. Barrot, j'espère qu'il connaît assez la sincérité du profond respect que je lui porte pour qu'il veuille bien ne pas considérer les citations que je fais de son

je commencerai par répondre : Non! non! la France ne doit pas toujours céder, et je ne craindrais pas d'affirmer que sans porter la moindre atteinte aux relations amicales entre l'Angleterre et la France, lorsqu'elle le voudra, elle pourra en donner la preuve A L'AVENIR !!! Mais quelque difficulté, quelqu'embarras, quelque répugnance même qu'en ma qualité de Français qui ne méconnaît point le respect qui est dû à l'honneur national ainsi qu'à la dignité de la France, j'éprouve à continuer de répondre à M. Barrot comme je vais le faire, je dirai : *Oui* la France doit céder aujourd'hui, sans cependant craindre d'en être humiliée, parce qu'il est de fait qu'il n'y a rien d'humiliant à céder à la force.

Or, il est incontestable que l'Angleterre peut, dès aujourd'hui, disposer d'une force navale composée de plus de soixante vaisseaux de ligne, d'au moins trois cents bateaux à vapeur susceptibles d'être immédiatement armés en guerre, et de cent cinquante à cent soixante mille hommes propres à *équipager* ce grand nombre de bâtiments, tandis que la France, actuellement, peut à peine disposer d'une vingtaine de vaisseaux de ligne, de tout au plus cinquante bâtiments à vapeur propres à faire la guerre sur mer, et de moins de cinquante mille hommes capables de composer les équipages de ce petit nombre de bâtiments!

---

discours comme une espèce d'atteinte que j'aurais l'intention de faire au respect qui lui est dû à tant de titres.

Je ne le fais, d'abord, que parce que M. Barrot ayant été le dernier orateur qui ait parlé avant que l'amendement ne fût mis aux voix, il en est résulté que le vote a été émis sous l'impression que son discours avait pu produire sur la Chambre ; 2° parce que, dans mon opinion, ce discours a été, de tous ceux prononcés sur ce sujet, celui qui pouvait le plus conduire à l'adoption de l'amendement de M. de Maleville ; et enfin parce que ce discours m'a paru être *le maximum* et le NEC PLUS ULTRA des idées erronées qui existent généralement en France sur l'état des forces navales de l'Angleterre, comparé à celui des forces navales de la France, et sur les suites désastreuses que cette erreur ne peut pas manquer d'avoir pour la France.

Sans doute le sentiment de l'honneur national et de la dignité de la France doit être profondément gravé dans le cœur de tout Français, mais il faut que ce sentiment soit éprouvé ainsi que manifesté *continuellement ainsi que dans toutes les circonstances*, et non pas seulement lorsque cette manifestation ne peut avoir lieu que pour l'engager dans un combat avec une pareille disproportion de forces.

Bien certainement il a été un temps où la France était dans une situation qui lui permettait de parler haut et ferme à l'Angleterre; or c'était dans ce temps qu'il fallait manifester ce sentiment.

« *Il y a plus de vingt-cinq ans* » (disait-on le 12 juin 1840, dans le journal *le Siècle* rédigé par l'honorable député M. Chambolles), « *il y a plus de vingt-cinq ans que l'Angle-* » *terre travaille à nous arracher le droit de surveiller notre* » *commerce maritime sur toutes les mers, et à faire monter* » *ses officiers à bord de nos navires.* »

Eh bien, c'était dès qu'on avait connu ces intentions du Gouvernement Anglais qu'il fallait s'occuper de les frustrer, et surtout éprouver ainsi que manifester le sentiment de l'honneur national et de la dignité de la France!

A cette époque la France avait encore des débris imposants de la marine léguée par l'Empire qui lui avait laissé près de quatre-vingts vaisseaux de ligne (1), quatre-vingt-sept équipages de haut-bord, vingt-quatre équipages de flottille, plus de trente compagnies d'ouvriers militaires de marine, et ces quatre régiments de troupes de marine qui venaient de si glorieusement se distinguer dans les batailles de *Bautzen* et de *Lutzen.*

C'était lorsque cette marine n'était pas encore anéantie qu'il fallait manifester hautement et au besoin soutenir les armes à la main, *parce qu'on en avait les moyens*, le sentiment de l'honneur national et de la dignité de la France!

---

(1) M. le baron Louis, dans son rapport adressé en 1814 au roi Louis XVIII sur la situation de la France, portait ce nombre à *quatre-vingt-trois.*

Mais puisqu'on ne l'a pas fait QUAND IL LE FALLAIT et LORSQU'ON LE POUVAIT, il faut aujourd'hui se résigner à en subir les conséquences sans que cependant je veuille dire qu'il faille que la France renonce à s'y soustraire pour l'avenir, parce que, je ne puis trop le répéter, cela ne tient qu'à elle *dès qu'elle en aura la sincère volonté.*

Mais, en attendant, il faut que la France mette à profit la sévère et terrible leçon qu'elle reçoit aujourd'hui pour avoir négligé sa marine militaire comme elle l'a fait depuis 1814 jusqu'à 1830 (1). Il faut que la France soit bien convaincue que dès aujourd'hui et dorénavant les forces navales seront en diplomatie, le plus puissant argument que ses négociations pourront employer!... Il faut que la France se persuade bien que la nature a fait en sa faveur tout pour qu'elle soit une puissance maritime, je ne dirai pas, à cause des circonstances, redoutable à l'Angleterre, mais respectable pour

---

(1) Je m'arrête à l'année 1830, parce que si on ne peut pas disconvenir que depuis cette époque l'état de la marine est loin d'avoir été amélioré, cependant on ne peut pas méconnaître qu'il ne serait pas juste d'en faire un reproche au roi.

Lorsque S. M. est montée sur le trône, on attribuait généralement et depuis longtemps le mauvais état dans lequel la marine était tombée à deux causes principales: la première, qu'on ne lui accordait pas assez de fonds, et la seconde que ce département avait toujours été confié à des personnes en quelque sorte étrangères à l'armée navale.

Or, il est de fait :

1º. Que depuis 1830 il n'a point été accordé, année commune, moins de quatre-vingt millions, qui ont été élevés quelquefois à cent et cent vingt millions, et même jusqu'à près de cent quarante, ce qui était une somme bien supérieure à celle que M. le baron Portal dans son budget pour 1820, qu'on n'a pas cessé de qualifier du nom de *système raisonné*, avait déclarée suffisante pour que la France possédât la marine qui lui convenait.

2º Que depuis 1831, S M n'a point cessé de confier le Ministère de la Marine A DES OFFICIERS AMIRAUX, ET MÊME A QUELQUES-UNS DES PLUS CAPABLES, puisque parmi eux on compte trois fois M. l'Amiral de France *Duperré*, et deux fois M. l'Amiral de France *Roussin*.

et par elle!... Il faut enfin que la marine militaire de la France trouve dans la presse en général, mais principalement dans la presse quotidienne de la capitale, l'organe aussi dévoué à ses intérêts qu'éclairé sur ses besoins, qui jusqu'à ce jour leur a manqué, et dont la privation est une des principales causes de l'anéantissement dans lequel elle est aujourd'hui tombée!

Il faut surtout que les honorables écrivains qui dirigent cette presse se persuadent bien « que le vrai patriotisme est là où on ose toujours dire avec fermeté la vérité à son pays: » et qu'ils ne croyent pas donner une preuve du leur en dissimulant à la France le véritable état de sa force navale comparée à celle de l'Angleterre (1).

Quant à vous, HONORABLES DEUX CENT TREIZE DÉPUTÉS, auxquels on a annoncé *une proscription électorale*, dans le cas de la dissolution d'une Chambre où vous venez de donner une preuve si manifeste de votre patriotisme, ne craignez pas,

---

(1) On peut juger si ce reproche est fondé par ce qui vient d'avoir lieu tout récemment.

Il n'y a que quelques jours que plusieurs journaux ont semblé s'être donné le *mot* pour publier un article du journal anglais, *The Standart*, qui porte que les Anglais n'avaient que vingt-et-un vaisseaux d'armés, et dix qui avaient besoin de réparations ; de sorte qu'à les entendre, il paraîtrait que l'Angleterre ne possède qu'une trentaine de vaisseaux à opposer aux vingt et quelques possédés par la France.

Le 5 de ce mois, le journal *le Siècle*, ainsi que plusieurs autres journaux du même jour, ont répété un article de je ne sais quel journal anglais, dans lequel il était avancé que l'Angleterre avait d'autant plus besoin de mettre ses côtes en état de défense, que la France avait considérablement augmenté le nombre de ses vaisseaux.

Lorsqu'il est de fait que depuis cinq ans la France n'a pas mis *un seul* vaisseau à l'eau, et que, depuis le 1er janvier 1840 jusqu'au 1er janvier 1845 inclusivement, il n'a pas été fait en construction de vaisseaux, SEULEMENT LA MOITIÉ D'UN VAISSEAU !!

dans ce cas, de vous rendre à vos collèges ; venez vous présenter à vos mandataires en tenant dans une main l'amendement de M. de Maleville succombant sous le poids du tableau de l'état réel et effectif des forces navales de l'Angleterre, tandis que vous tiendrez dans l'autre main le vote sur cet amendement dicté à vos consciences par l'état aussi réel et effectif des forces navales de la France!!!

Pour la responsabilité de cet écrit,

G. LAIGNEL,

Capitaine de vaisseau en retraite,
Officier de la Légion-d'Honneur,
Chevalier de l'Ordre Royal et
militaire de Saint-Louis.

Imp. de Pollet et comp., rue St-Denis, 380.

www.ingramcontent.com/pod-product-compliance
Lightning Source LLC
Chambersburg PA
CBHW051318050726
47595CB00008B/3611